ma chienne à moi

Isabelle Rossignol vit à Paris et y anime des ateliers d'écriture par e-mail pour la société « Aleph écriture ». Le reste du temps, elle sillonne la France pour parler de ses livres, mais surtout, elle écrit, écrit, écrit, pour les adultes et les enfants (de plus en plus pour les enfants...).

Après de nombreuses années passées à Angoulême, où il a décroché son diplôme de bande dessinée, **Emmanuel Ristord** s'est installé à Nantes. Il y vit aujourd'hui et travaille dans un grand atelier appelé « La baie noire ». Il a illustré des livres et des revues pour la jeunesse, publiés par Nathan, Milan, Playbac et Bayard.

Du même illustrateur dans Bayard Poche :
Attention, fragile ! (J'aime lire)

© 2012, Bayard Éditions
© 2009, magazine *Mes premiers J'aime lire*
Tous droits réservés. Reproduction, même partielle, interdite.
Dépôt légal : janvier 2012
ISBN : 978-2-7470-3809-9
Loi n° 49-956 du 16 juillet 1949 sur les publications destinées à la jeunesse.

Myra, ma chienne à moi

Une histoire écrite par Isabelle Rossignol
illustrée par Emmanuel Ristord

mes premiers
J'AIME LIRE

bayard poche

Chapitre 1

On s'amuse bien

Aujourd'hui, Maman est venue me chercher à l'école. Nous sommes à peine de retour que je me précipite hors de la voiture. J'ai hâte de retrouver Myra qui aboie dans la cour, impatiente elle aussi.

Myra, c'est ma petite chienne. Je l'ai eue il y a un mois, pour mes sept ans.

Lorsque j'entre dans la maison, Myra aboie de plus belle et saute partout. Moi, je la prends dans mes bras, je cours vers le canapé et je la lance sur les coussins. J'adore ce jeu, car Myra est toute légère et elle rebondit comme une balle.

Tout à coup, j'ai une autre idée : j'enlève mon bonnet et je l'enfile sur sa tête.

J'éclate de rire :

– Maman, regarde comme elle est belle !

Mais Maman ne rit pas. Elle retire vite mon bonnet de la tête de Myra :

– Tu ne dois pas faire ça, Justine !

Je hausse les épaules :

– Mais c'est pour jouer !

– Justement, répond Maman, Myra n'est pas un jouet. Et si tu l'embêtes, elle peut te mordre.

Je baisse la tête en pensant :
« Dommage, je m'amusais bien. »
Maman reprend :
– Maintenant, allez, zou, à tes leçons !
Commence ta lecture, je viens t'aider dans
cinq minutes.

Je pars dans ma chambre avec Myra.
Là, je la fais grimper sur mon lit et je lui
explique :
– Myra, je dois travailler ! Tu as entendu ?
Donc, toi, tu vas dormir.

Je mets mon doigt en l'air pour qu'elle comprenne que je suis sérieuse. Puis je l'oblige à se coucher, mais elle ne veut pas du tout. Alors, je crie un peu :
– Allez, Myra, tu dois obéir !

Je la recouche, et pour la forcer à ne plus bouger, d'une main, j'appuie sur son dos. De l'autre, j'essaie de lui fermer les yeux comme je le fais à mes poupées.

Myra fait soudain un drôle de bruit et… aïe !

Chapitre 2

Où vas-tu, Myra ?

Je sors de ma chambre en hurlant si fort
que Maman accourt aussitôt. En pleurant,
je lui tends mon index droit :

– Myra m'a mordue !

Maman ouvre des yeux affolés. Puis elle
inspecte mon doigt et, enfin, elle conclut :

– Ouf ! Elle t'a juste pincée. Tu as eu plus
de peur que de mal, ma puce !

– Mais pourquoi elle m'a fait ça ?

Maman m'explique :

– Tu as dû lui faire mal, et elle s'est défendue. Dis-moi, tu n'as pas joué avec elle comme tout à l'heure ?

Je baisse la tête :

– Non, non…

Puis je pense que, peut-être, j'ai fait mal à Myra en appuyant trop fort sur ses yeux.

Je n'ai pas le temps d'en parler à Maman : la porte d'entrée s'ouvre, et on entend Papa qui s'écrie :

– Hé, Myra, où vas-tu ? Myra, reviens !

Maman et moi, nous allons à la porte. Papa est dans la cour, immobile sous la neige qui commence à tomber. Myra a déjà disparu dehors, dans la nuit.

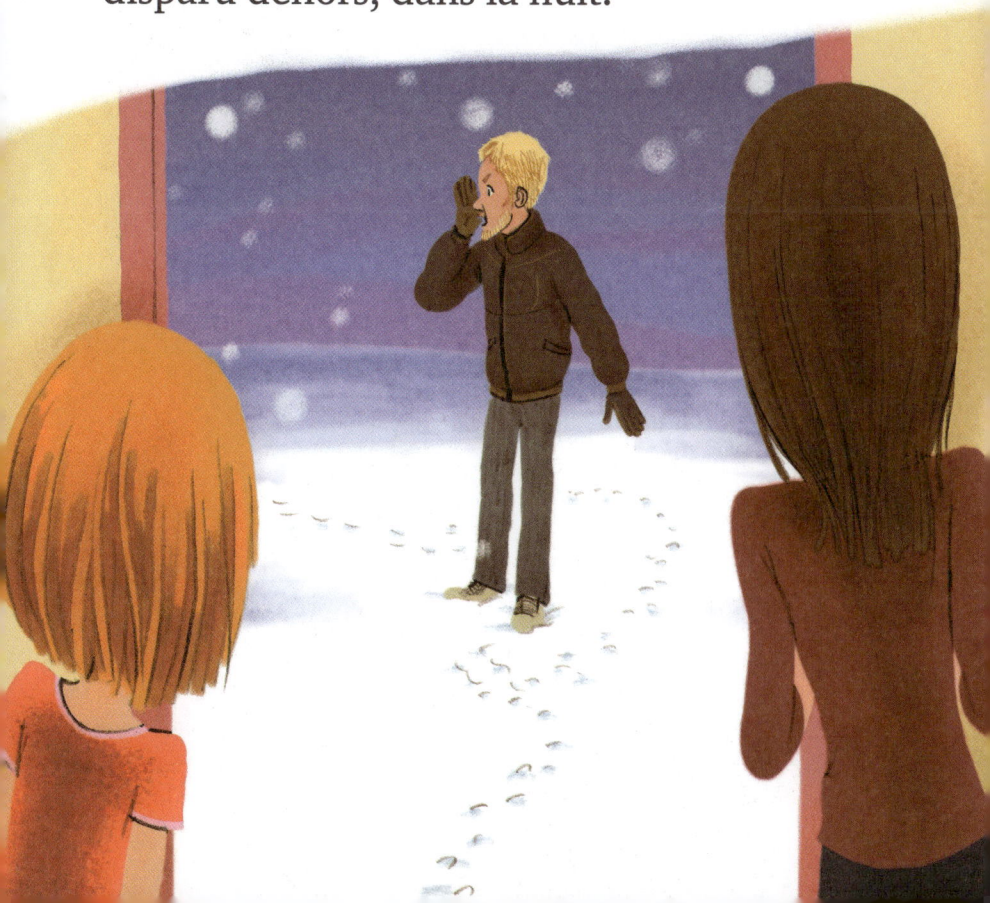

Papa demande :

– Mais qu'est-ce qui lui a pris ? Dès que j'ai ouvert la porte, elle a filé vers le chemin derrière la grange !

Maman lui résume la situation :

– Myra a mordu Justine. Et, maintenant, elle a filé parce qu'elle a peur d'être punie.

Comme Maman tout à l'heure, Papa ouvre de grands yeux. Alors, je rajoute vite :

– Elle ne m'a presque rien fait, regarde !

Je montre mon index à Papa, mais il déclare :

– Il faut quand même punir Myra si on ne veut pas qu'elle recommence. Laissons-la dehors. Ça lui apprendra !

Chapitre 3
Seules dans la nuit

À neuf heures, quand je vais me coucher, Myra est toujours dehors. Et je suis très inquiète. Est-ce qu'elle ne va pas tomber malade dans le froid ? Je réfléchis quelques minutes, puis je prends ma décision : je vais aller la chercher.

Dès que Papa et Maman sortent de ma chambre après m'avoir souhaité bonne nuit, je me relève et je m'habille.

Sans bruit, je sors par la porte de la cuisine. Je longe la maison, je traverse la cour et je me faufile dans le chemin, celui que Myra a pris en se sauvant. Il fait nuit. La neige tombe encore. Je ne suis pas rassurée ! Pourtant, j'avance…

Sous chaque buisson, le long du chemin, je me baisse et j'appelle tout doucement :

– Myra, Myra !

Au-dessus de moi, les arbres forment de grandes ombres qui remuent et me font frissonner.

Maintenant, le chemin longe un champ, bordé par un fossé. Toujours pas de Myra ! Je m'arrête, je suis découragée. Et soudain, j'entends un couinement.

Je me baisse un peu vers le fossé : deux yeux ronds me fixent. Je demande tout doucement :
 – Myra, c'est toi ?

Je tends un bras. Aussitôt, un petit animal apeuré s'enfuit. Pas de doute : c'est bien Myra.

Elle court, court, court droit devant elle. J'essaie de la rattraper, mais elle est si rapide qu'elle arrive avant moi au bout du champ. Puis elle tourne à gauche, derrière une haie. Myra a pris un chemin qui mène à la grand-route. J'ai peur, car elle pourrait se faire écraser !

Je sais bien que je n'ai pas le droit de m'aventurer si loin de la maison. J'ai très froid, aussi. Mais je décide de continuer quand même.

Chapitre 4
C'est promis !

Bientôt, je suis de nouveau entourée d'arbres immenses. Comme des épouvantails géants, ils bougent dans le vent. Et la nuit est de plus en plus noire.

Je crie aussi fort que je peux :

– Myra ! Myra !

En vain… Je m'arrête encore, prête à éclater en sanglots. Et là, soudain, il me semble entendre un bruit. J'écoute, immobile. Et j'aperçois Myra.

Elle avance dans ma direction, lentement. Parfois, elle s'arrête, puis avance encore. Et enfin, elle est à mes pieds. Tout en la caressant doucement, je lui dis :

— Ma Myra, je ne te ferai plus jamais mal, c'est promis. Et toi, tu ne te sauveras plus, d'accord ?

Myra remue la queue. Je décide :

— Allez, maintenant, il faut qu'on rentre.

Je me remets en marche, Myra à côté de moi. En arrivant dans la cour, je vois que toutes les lumières de la maison sont allumées. Papa et Maman ont dû se rendre compte que j'étais partie. J'hésite un peu à entrer. Puis je baisse la poignée de la porte.

En m'entendant, mes parents accourent. Ils ont l'air très inquiets. Moi, tout de suite, je leur explique :

– Je ne pouvais pas laisser Myra dans le froid ! Vous savez, c'est moi qui lui avais fait mal, c'était injuste qu'elle soit punie…

Papa et Maman me sourient. Je suis sûre qu'ils ont compris. Et Myra lance un petit jappement de joie.

mes premiers j'aime lire

ÉDITION

Des romans pour les lecteurs débutants !

Réfléchir et comprendre
la vie de tous les jours

La maxi-gaffe d'Arthur

Essie
Et si j'étais amoureuse ?

Rire et sourire
avec des personnages insolites

Minouche et le lion

Docteur Virus, à ton service !

Se faire peur et frissonner
de plaisir

Charlotte et le Croque-mioche

La sorcière du TGV

Rêver et voyager
dans des univers fabuleux

Zéphir l'esclave

La petite fille de la forêt

Se lancer dans des aventures
pleines de rebondissements

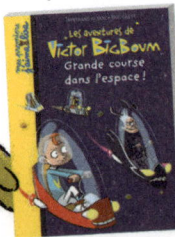

Les aventures de Victor Bicboum
Grande course dans l'espace !

Lili BAROUF
Le portrait infernal

Petit lecteur deviendra grand

Découvrez l'offre
J'aime lire débutants

DÈS 6 ANS

mes premiers J'AIME LIRE

Mon hamster

9 numéros de *Mes premiers J'aime lire*
et ses 9 CD
+ 3 numéros de *J'aime lire*
et ses 3 CD !

Mes premiers J'aime lire, un magazine
**spécialement conçu pour accompagner
les enfants du CP et du CE1** dans leur
apprentissage de la lecture :
- Une histoire courte
- Un vrai petit roman illustré
- Des jeux et de la BD

Avec un **CD audio** pour guider et rassurer
les enfants dans leur progression.

mes premiers J'AIME LIRE
Mon hamster

Le grand incendie

Bon appétit !

Pour plus de renseignements, rendez-vous sur **www.bayard-jeunesse.com**

J'AIME LIRE

ÉDITION

Des premiers romans à dévorer tout seul !

Réfléchir et comprendre
la vie de tous les jours

Rire et sourire
avec des personnages insolites

Se faire peur et frissonner
de plaisir

Rêver et voyager
dans des univers fabuleux

Se lancer dans des aventures
pleines de rebondissements

 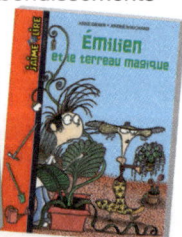

Nouvelle formule

J'AIME LIRE

N° 404
septembre 2010

Le Prince
Masqué

DÈS 7 ANS

J'AIME LIRE
Le prince masqué

Le CD de l'histoire
peut accompagner
la lecture

Découvrez le magazine *J'aime lire*

J'aime lire est le grand rendez-vous
lecture de tous les 7-10 ans avec :

- **Humour, aventure, frisson, émotion…**
  Chaque mois, le plaisir de lire un roman !

- **Place aux images, lisibilité adaptée,
  récréations avec les BD et les jeux…**
  Un savoir-faire unique pour accueillir les enfants
  dans le plaisir de lire.

chapitre 1

L'invasion de grenouilles

– Mais qu'est-ce que c'est cette histoire
à dormir debout! s'exclame le Prince Masqué,
en renversant son bol de café au lait.
Le célèbre détective s'empara du journal
posé sur la table de son petit-déjeuner et lu
cela contre son nez pour relire l'article qu'il
venait de parcourir distraitement.

La Fabri Kamots

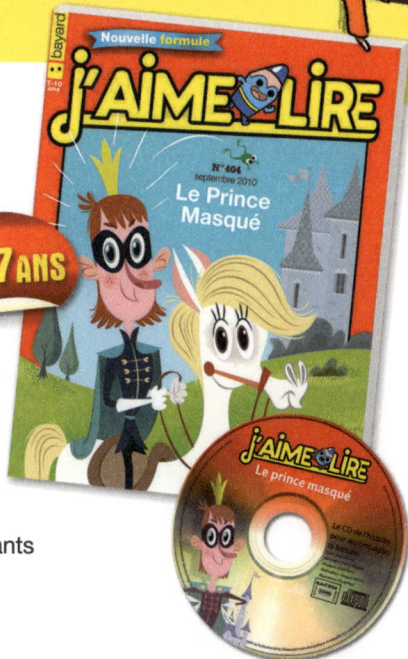

Un **J'AIME LIRE** pour tous,
des histoires pour chacun !

Achevé d'imprimer en août 2011 par Pollina S.A.
85400 LUÇON - Numéro d'impression : L57863C
Imprimé en France